门头沟西山永定河人文地理图像志

主　编：常蓉

副主编：马骐

参　编：孙华 连春杨 张勇 赵彬 黄文静 郭亭亭 吴锟 杜莹

凝视西山

王庚飞　邹盛武／著
邹盛武／摄影

中華書局

北京西山是北京西部山地的总称，属太行山脉，是太行山的一条支阜，又称小清凉山。北以南口附近的关沟为界，南抵房山区拒马河谷，西至市界，东临北京小平原。地势由西北向东南逐级下降，依次有东灵山—黄草梁笔架山、百花山—妙峰山、九龙山—香峪大梁、大洼尖—猫耳山等四列山脉，永定河横切山体，多高山深涧。这些山像一条手臂一般远远地围抱在北京城的西北，因此，古人将西山称为“神京右臂”。数千年间，世事变迁，西山的地位随着它周围的城池地位悄悄地改变，西山护卫了北京，北京也成就了西山。当中国的都城还在西安、洛阳等地时，西山只是庞大的太行山山脉尾部的一片山区，被人们称为“太行之尾”。《元和郡县图志》卷十六“河北道怀州”条记转西晋郭缘生《述征记》载：“《述征记》曰太行山首始于河内，自河内北至幽州，凡百岭，连亘十二州之界。”“太行山首始于河内”——即认为太行山的起始之端在现今河南济源、沁阳、修武一带的南太行。“北至幽州”——西晋的幽州包括西起灵丘、阳原，东到乐亭、秦皇岛，北达张家口、宽城的广大地域，包括北京西山、军都山一带。随着历史发展，北京城建好后，同样的西山却被人们改称为“太行之首”。明代张爵编著的《京师五城坊巷胡同集》上说“西山，府西三十里太行山首”。无论是太行之尾，还是太行之首，西山一直是太行山的一个重要组成部分。

地理地貌学家曾昭璇先生曾把中国地貌简单地分为高原中国和低地中国两部分，这两部分的界线刚好在大兴安岭—太行山—巫山—雪峰山一线，此线以西，为内蒙古高原、山西高原、黄土高原、云贵高原，以至更高的青藏高原等高原；此线以东，为东北平原、黄淮海平原、长江中下游平原等低地。这一线纵贯中国南北的山系，与被称为中国中央山脉的秦岭—大别山山系，正好呈十字交叉，构成了中国地貌的主要骨架。秦岭—大别山山系是中国南北气候的重要分界，大兴安岭—太行山—巫山—雪峰山山系，是中国东西地貌的基本分界。如果把前者喻为中国之脊，那么后者可称为背西朝东、由脊柱向两侧展开的华夏之翼，而太行山就是华夏之翼的左翼。

中国是一个多山的国家，较大的山脉有210多条。这些山脉、山地常常是一些江河的源地或分水岭，《考工记》云：“凡天下之地势，两山之间，必有川矣，大川之上，必有途矣”，比如秦岭是长江流域与黄河流域的分水岭，天山是塔里木盆地与准噶尔盆地内流水系的分水岭。跟许多大山脉是大河流域的分水岭不同，太行山虽然巍峨高耸，却并不构成分水岭。太行山的河流水系是横穿山脉而过的，借助山脉两侧山西高原和华北平原之间的巨大地势落差，沁河、漳河、滹沱河、沙河、唐河、拒马河、永定河等河流，横切了太行山主脉，汇入黄河与海河这两大水系，直奔东海。这些大川、大河劈山而过，穿山而行，当河流水系穿过太行山主脉的剧烈坡降地带时，就会由表及里，将山体刻蚀出深深的峡谷。峡谷内断崖高起，群峰峥嵘，台壁交错，苍溪水湍，森林覆盖，几乎汇聚了北方山水所有的特点，无论是峰、峦、台、壁，还是峡、瀑、嶂、泉，都姿态万千。太行景色雄、险、奇、秀，是北方山水风光的典型代表。

画中最妙言山水，摩诘峰峦两面起。
李成笔夺造化工，荆浩开图论千里。
范宽石澜烟林深，枯木关仝极难比。
江南董源僧巨然，淡墨轻岚为一体。

——北宋 沈括《图画歌》

现存的《匡庐图》，在宋代就被定为荆浩真迹，至今图上仍有宋人（原称宋高宗）题“荆浩真迹神品”六字。图中画的虽然是江南庐山，但因为荆浩的生活之地是北方的太行山，故图绘样貌皆是北方山水。

整图为纵向全景布局，层次分明，山水壮阔。在荆浩之前的山水画很少有表现雄伟壮阔的大山大水以及全景式的构图布局。而荆浩的《匡庐图》整幅画上面留天，下面留地，右下角临水浅坡，左下角至右面是静静的水面，远处和天色相连接，体现的是大山大水、开图千里的局面。

绢幅中间，危峰重叠，壁立千仞，正如米芾所说：“云中山顶，四面峻厚”，“山顶好作密林，水际作突兀大石”，整个山势峻拔挺峭，石质坚凝。荆浩长期隐居在太行山的崇山峻岭之中，对于太行山磅礴的山势认真观察体会，认识到“山水之象，气势相生”。他的画体现了太行山的地貌特色。他把在现实中观察到的不同部位、形貌的山峦水流，分别定名为：峰、顶、峦、岭、岫、崖、岩、谷、峪、溪、涧等，并从总体上把握自然山水的规律：“其上峰峦虽异，其下冈岭相连，掩映林泉，依稀远近”，从上下、远近、虚实，以及各种物象的全方位凝览中，荆浩形成了“山水之象，气势相生”的整体观念。

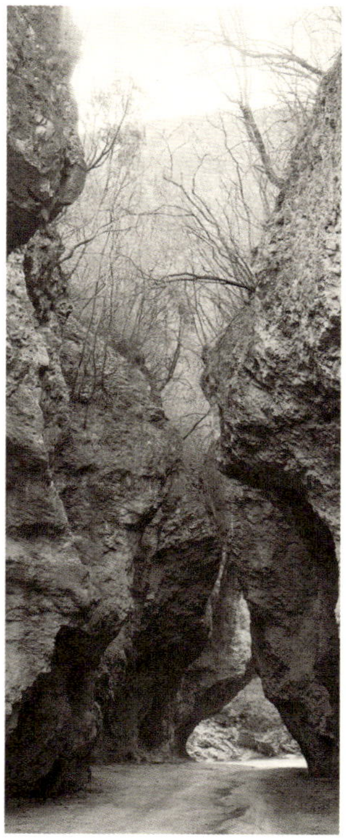

觀

远观山有色，近听水无声。
春去花犹在，人来鸟不惊。
头头皆显露，物物体元平。
如何言不会，衹为太分明。

方向：西
北纬：40° 08′ 44″
东经：115° 52′ 56″
海拔：872米

方向：西北
北纬：40° 08′ 40″
东经：115° 53′ 1″
海拔：892米

在雁南路上回望门头沟方向，二〇一七年一月，春节前，小雪

在雁南路上回望门头沟方向，二〇一八年五月

苇子村
方向：西
北纬：40° 03′ 34″
东经：115° 30′ 2″
海拔：1600 米
灵同路
棋磐岩
804乡道
804乡道
804乡道
804乡道
灵山名胜风景区

灵山山顶向西望（怀来方向）

方向：西南
北纬：40° 01′ 23″
东经：115° 29′ 41″
海拔：1420 米

穿过灵山的山间公路，回望门头沟方向，南偏西

傍晚，进灵山

雁南路，初段，下午三点左右

立石台村

方向：西北
北纬：40° 02′ 57″
东经：115° 53′ 21″
海拔：540米

芹峪村

109国道

雁翅村

之后一公里，下午四点左右

方向：东北
北纬：40° 08′ 28″
东经：115° 53′ 53″
海拔：800 米

二〇一七年一月，春节前，雁南路中段，从昌平去门头沟，山坡上回看昌平方向

穿过灵山的山间公路，回望门头沟方向，傍晚，日落前，东南

离灵岳寺两公里的山顶上，西南，看斋堂镇方向

离灵岳寺一公里，东南方向

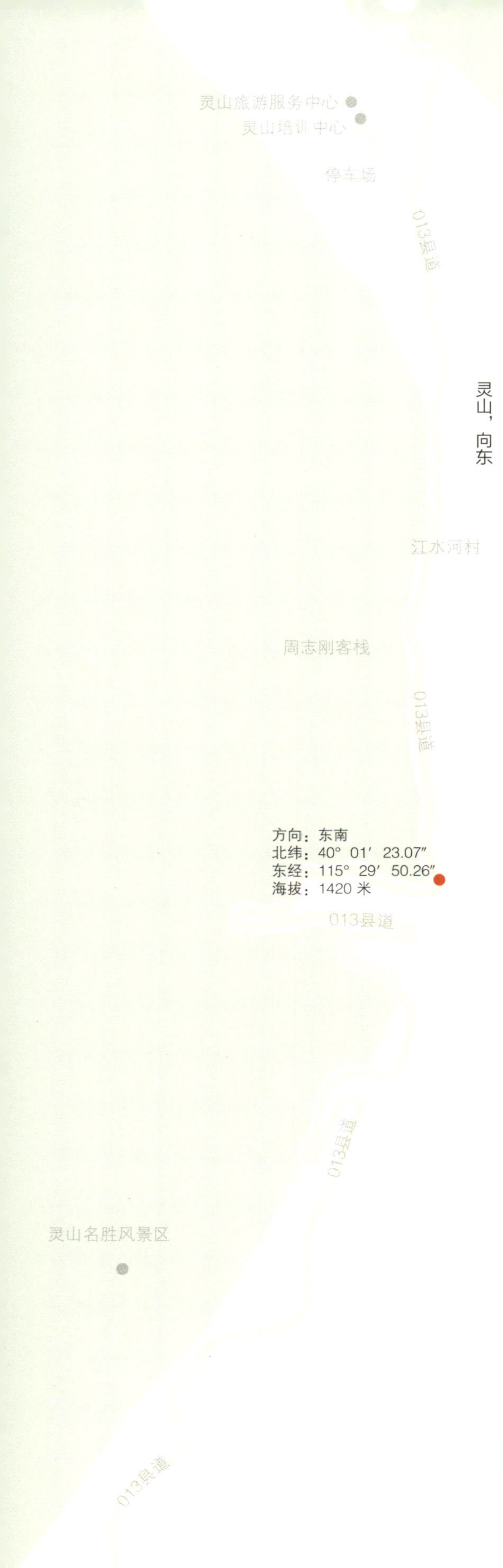

方向：东南
北纬：40° 01′ 23.07″
东经：115° 29′ 50.26″
海拔：1420 米

灵山，向东

方向：东
北纬：N40° 0′ 31″
东经：E115° 29′ 20′
海拔：1300米

灵山，向东南

二〇一七年一月九日，百花山中，小雪，向西

二〇一七年一月九日，百花山中，小雪，向南

雁南路旁边，田庄附近的山岭

北纬：N40° 03′ 11.27″
东经：E115° 53′ 29.33″
海拔：559.69 米

灵山路
013县道
804乡道
灵山路
804乡道
804乡道
804乡道
804乡道
方向：西
北纬：N40° 02′ 27″
东经：E115° 29′ 45″
海拔：1600米
灵山旅游服务中心
灵山培训中心
停车场
013县道

灵山峰顶向西，门头沟方向

方向：西北
北纬：N40° 03′ 21″
东经：E115° 29′ 57″
海拔：1630 米

八月，盛夏，百花山，高原草甸

蚂蚁山

原始次生林

北纬：N39° 49′ 29″
东经：E115° 35′ 35″
海拔：1700 米

石林花径

百花草甸

海家台

二〇一七年一月，百花山，积雪的山坡

二〇一七年一月，小雪，百花山，山腰

方向：南
北纬：N39° 49′ 57″
东经：E115° 34′ 41″
海拔：1300 米

方向：南
北纬：N39° 49′ 29″
东经：E115° 35′ 35″
海拔：1708 米

面

野居何处是，轩外一横塘。
座纳薰风细，帘垂白日长。
面山如对画，临水坐流觞。
更爱闲花木，欣欣得向阳。

方向：东
北纬：N40° 0′ 26″
东经：E115° 29′ 5″
海拔：1180 米
灵山古道森林公园
洪水口村
梨园
木兰台
灵山路
梨园岭隧道
苇子地
瓦窑村
小龙门村
109国道
双塘涧村
胜利村

二〇一六年十二月，灵山，长满杂树的山崖

灵山名胜
风景区

正午，灵山山石肌理

江水河村

方向：西
北纬：N40° 01′ 23″
东经：E115° 29′ 41″
海拔：1440 米

013县道

山古道森林公园

洪水河村

木兰台

灵山路

苇子地

近双龙峡，一棵树，午后

方向：北
北纬：N40° 08′ 15″
东经：E115° 58′ 45″
海拔：250 米

二〇一七年一月，小雪，雁南路，昌平境内，近门头沟

二〇一六年十二月，上午，雁翅镇，青白口附近

二〇一六年十二月，斋堂镇，桑峪附近

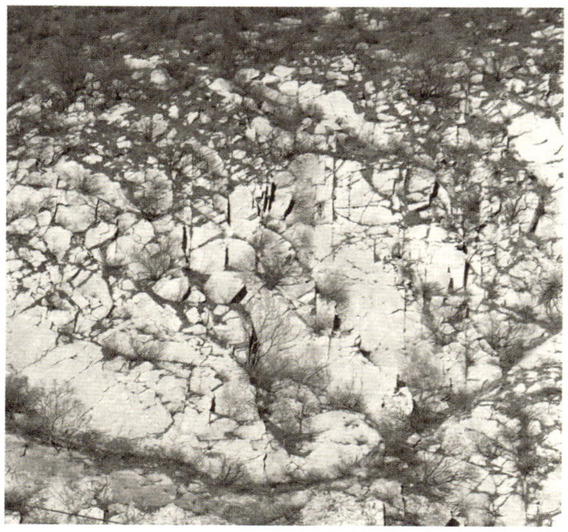

青白口到桑峪之间的山石肌理

2017年4月，暖春，南石洋大峡谷，花盛开

二〇一七年四月，暖春，南石洋大峡谷，花盛开

二〇一七年二月，雁翅镇，树

二〇一七年二月，近双龙峡路边，果树园中的树

二〇一六年十二月，通往南石洋大峡谷路边的树

二〇一七年一月，雪后，雁南路边，坡地

方向：南
北纬：N40° 08′ 40″
东经：E115° 54′ 13″
海拔：720 米

二〇一六年十二月，回望灵山，一棵树

見

见山是山，见水是水。
见山不是山，见水不是水。
见山还是山，见水还是水。

二〇一七年一月九日，进百花山，积雪，山间小路

方向：西北
北纬：N39° 49′ 58″
东经：E115° 34′ 43″
海拔：1340 米

2017年1月9日，进百花山，积雪，山间小路

莲花庵村

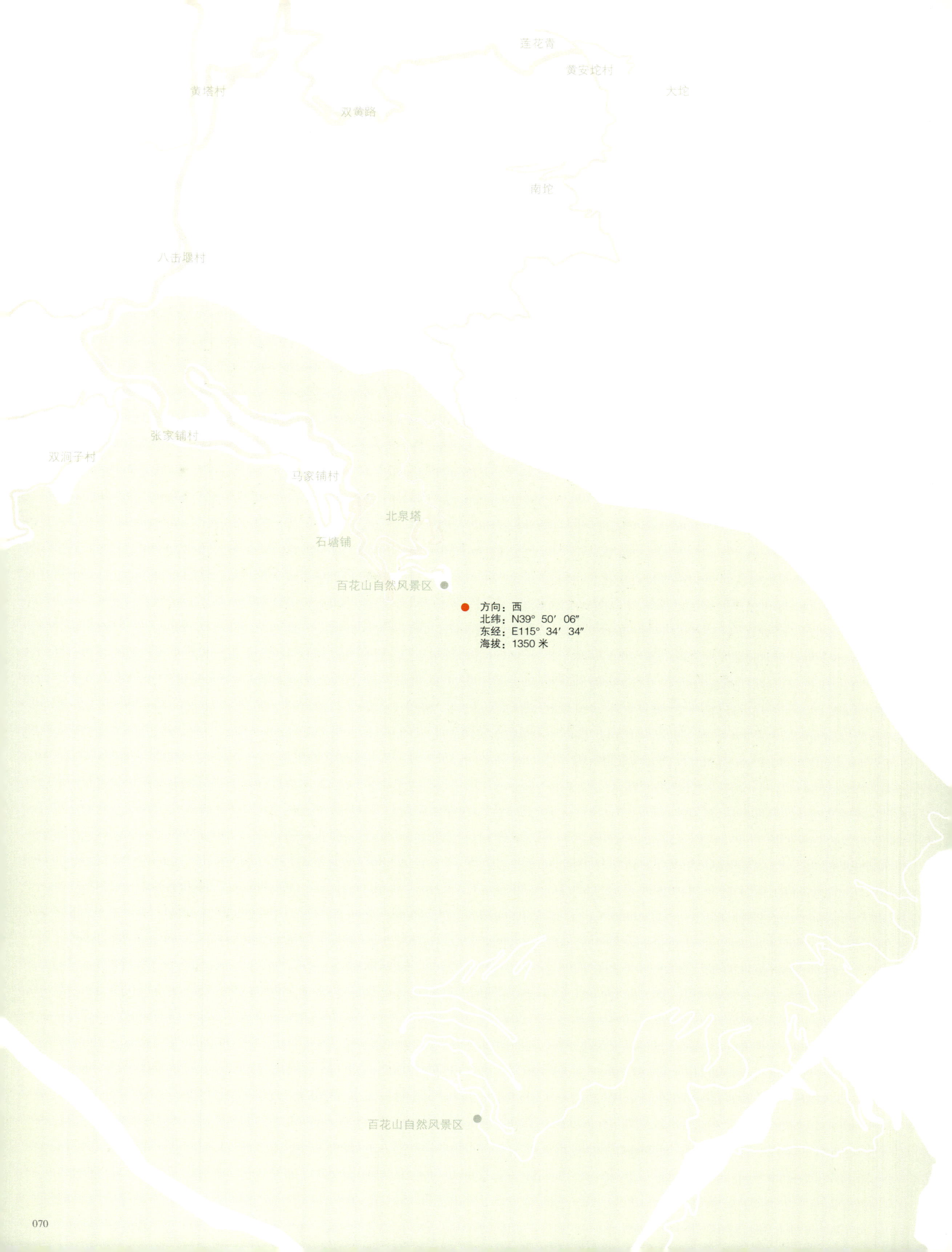
莲花青
黄安坨村
大坨
黄塔村
双黄路
南坨
八击堠村
张家铺村
双洞子村
马家铺村
北泉塔
石塘铺
百花山自然风景区
方向：西
北纬：N39° 50′ 06″
东经：E115° 34′ 34″
海拔：1350 米
百花山自然风景区

二〇一七年一月九日，进百花山，积雪，山间小路

方向：西
北纬：N39° 50′ 9″
东经：E115° 34′ 28″
海拔：1150 米

二〇一七年一月，春节前，百花山中

二〇一七年一月，春节前，百花山中冰冻的小瀑布

二〇一六年十一月，神泉峡

杨村

得胜寺

723村道

方向：东
北纬：N40° 06′ 46″
东经：E115° 49′ 47″
海拔：540 米

大村

马家套村

高芹路

二〇一七年一月，通往南石洋大峡谷

二〇一七年四月，傍晚，南石洋大峡谷

2018年5月，下午，南石洋大峡谷

二〇一七年四月，正午，南石洋大峡谷

二〇一六年十二月，正午，龙门涧

二〇一六年十二月，正午，龙门涧

2016年12月，正午，灵山南段，山中

马家洼

二〇一六年十二月，正午，灵山南段的山

江水河村

013县道

方向：东
北纬：N40° 01′ 22″
东经：E115° 29′ 49″
海拔：1580 米

二〇一七年四月，南石洋大峡谷

龙门涧风景区停车场

方向：西北
北纬：N40° 0′ 7″
东经：E115° 33′ 34″
海拔：720 米

谷涧

燕家台村

二〇一六年十二月，龙门涧入口

药王庙

李家庄村

二〇一七年四月，透过南石洋大峡谷看北边的山

东龙门洞
椒木沟
北纬：N40° 01′ 18.23″
东经：E115° 34′ 3.92″
海拔：1330 米
黑龙潭
黑云洞
仙茶园
一线天
北西天
悬空寺
将军石
憩英园
群龙汇萃
燕家台
钓鱼池
西龙门洞
京西大大峡谷
鬼谷洞

二〇一六年十二月，爨底下和柏峪之间的一线天

爨底下和柏峪之间的一线天

爨底下和柏峪之间的一线天

方向：东
北纬：N40° 06′ 46″
东经：E115° 49′ 47″
海拔：540 米

2017年1月，南石洋大峡谷附近的山

寻

到此绝车轮，萋萋草树春。
青山如有利，白石亦成尘。
水阔应无路，松深不见人。
如知巢与许，千载迹犹新。

晋农家客栈
八亩堰村
西山红客栈
简昌村
方向：东北
北纬：N39° 51′ 11″
东经：E115° 32′ 32″
海拔：810米
艾峪路
艾峪路
金苹果农家客栈
张公路
张家铺村
艾峪村
双涧子村
张公路
公涧铺村
张公路

马家铺村

石塘铺

二〇一六年十二月，京西古道

停车场

花坡

016县道

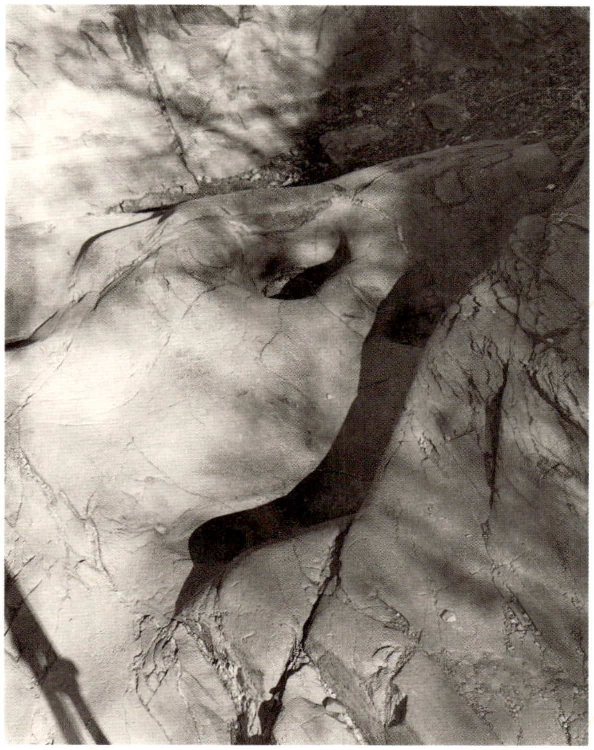

二〇一六年十二月，京西古道，马蹄窝

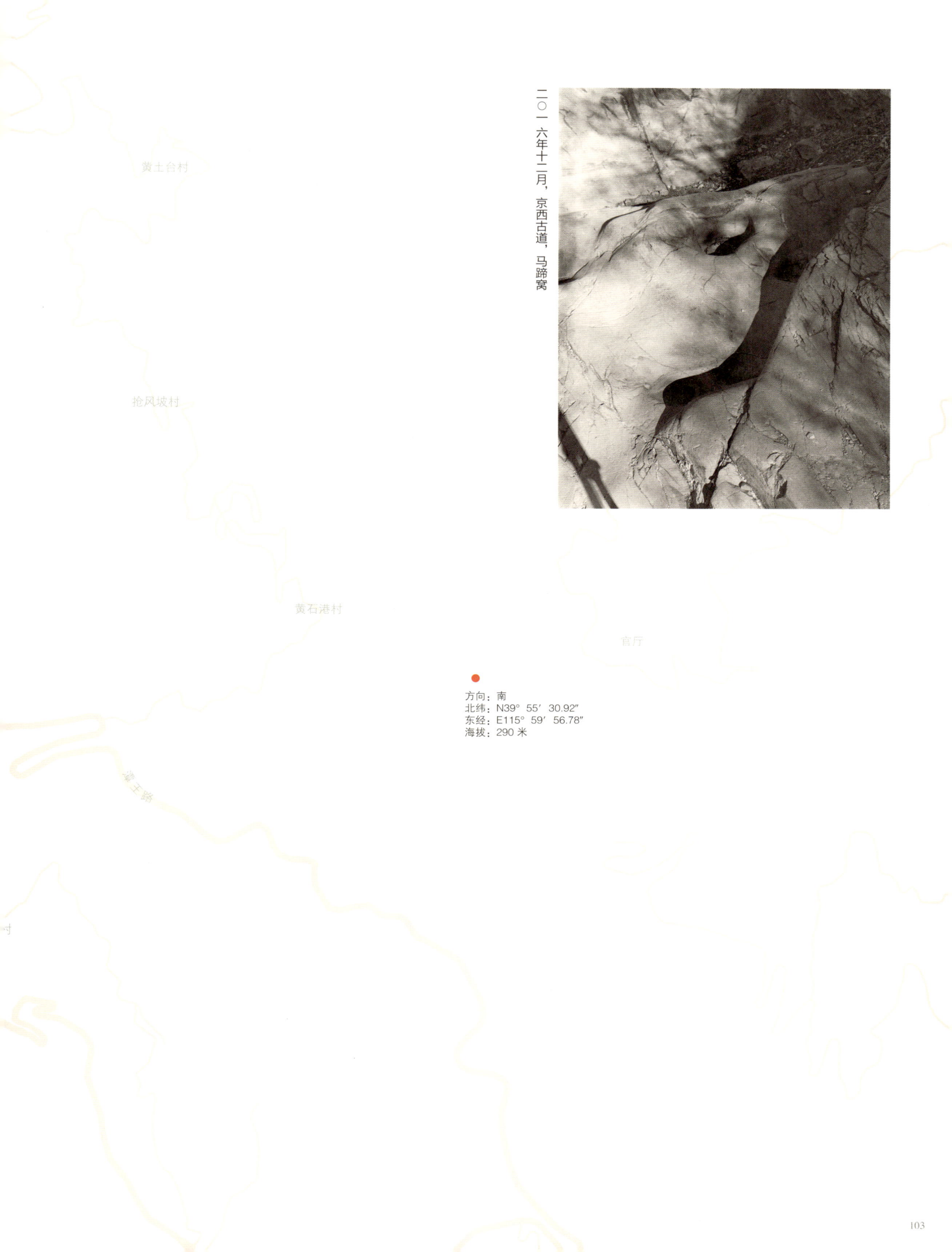

方向：南
北纬：N39° 55′ 30.92″
东经：E115° 59′ 56.78″
海拔：290 米

2016年12月，京西古道

石佛岭古道边的摩崖石刻

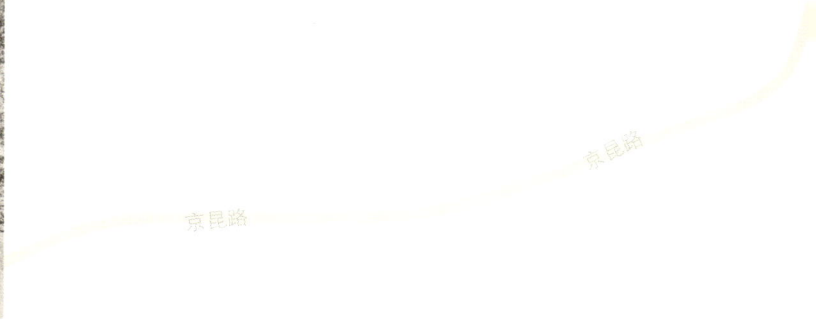

方向：南
北纬：N39° 52′ 13.00″
东经：E116° 05′ 25.00″
海拔：290 米

方向：南
北纬：N39° 52′ 19″
东经：E116° 04′ 58″
海拔：325米

二〇一七年四月，石佛村，庞潭古道

小龙门残长城

小龙门残长城

洪水口长城敌台

013国道

方向：东南
北纬：N39° 59′ 51″
东经：E115° 28′ 55″
海拔：1020 米

灵山古道森林公园

洪水中村

北京灵龙小卖部

苇子地

灵山路

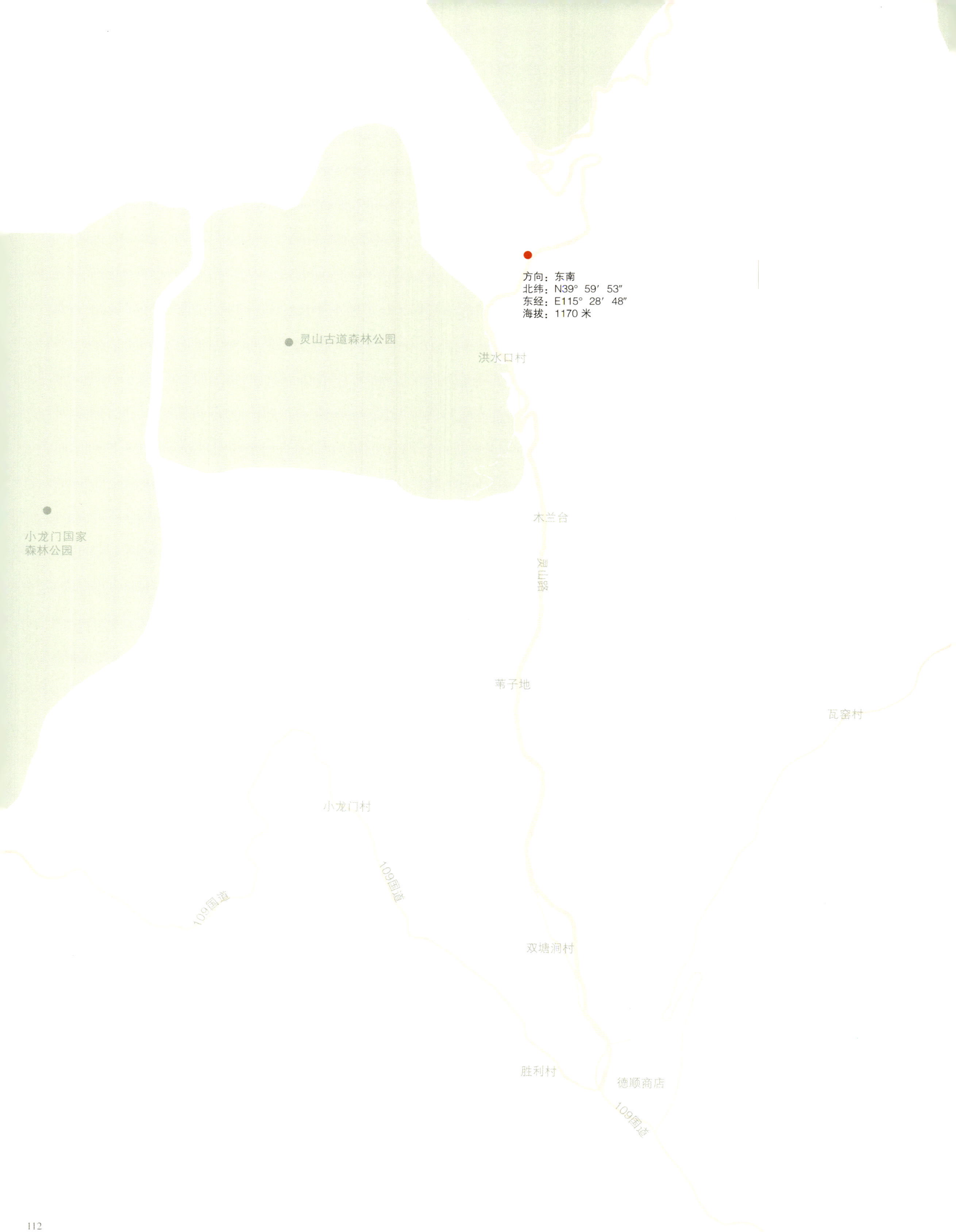
方向：东南
北纬：N39° 59′ 53″
东经：E115° 28′ 48″
海拔：1170 米
灵山古道森林公园
洪水口村
小龙门国家
森林公园
木兰台
灵山路
苇子地
瓦窑村
小龙门村
109国道
109国道
双塘涧村
胜利村
德顺商店
109国道

从路边望洪水口长城敌台

梨园岭

梨园岭隧道

訪

登临古寺前，小草何芊芊。
云雾山间绕，孤峰耸碧天。
野花红烂漫，茫茫树生烟。
日落余晖后，声声响杜鹃。

灵岳寺位于门头沟区斋堂镇北约5公里的白铁山上。始建于唐贞观年间，历经五代战乱，寺院荒芜。辽代重建，时称白贴山院。金代称灵岳寺。元至元三十年（1293）、清康熙二十二年（1683）、雍正十一年（1733）都曾重修。从唐始建至今，几经修缮，在寺庙中都留下了痕迹：唐代绳纹砖、辽代沟纹砖、元代大殿口梁架上的托脚（叉手）、明代彩绘、清代挑檐下的木柱……堪称是北京古代建筑的“活化石”。

灵岳寺寺院处于白铁山主峰前的平台上，坐北朝南，现存面积1500平方米。从南至北依次分布有山门、倒座房、钟鼓楼、天王殿及其配殿、释迦佛殿及其配殿。寺院布局严整，大气恢宏。

寺内现存至元三十年（1293）《重修灵岳寺记》碑以及清康熙二十二年（1683）《重修灵岳禅林碑记》。

斋堂镇，灵岳寺全景

王家庄
北纬：N39° 59′ 53.79″
东经：E115° 40′ 13.77″
海拔：810 米
宋庄
徐家村
下岭村
上岭
东北山村
西北山村
石头村
斋堂镇
黄岭西村
西斋堂村
青龙洞
大三里路
斋堂水库

山门位于寺院南墙正中，歇山顶，墙体磨砖对缝，砖券拱门，屋顶由板瓦筒瓦合筑，砖雕鸱吻。山门的两侧各有倒座房三间、“工”字梁四架。

钟鼓楼位于倒座房的东西侧，均为近代修建。

再向前行是天王殿。它建在0.8米高的石台基上，悬山式调大脊，鸱吻垂兽，木博风板，五架梁保留叉手构件，彩绘精美。殿内供奉着四天王、韦陀及接引佛塑像。

脊檩枋下有题记：“时大清雍正十一年岁次癸丑季夏吉日，时修前殿三楹，钟鼓楼一所，初建鼓楼一所，金装天王奇兽菩萨圣像，彩绘殿宇。住持弟子法师照瑞，徒普成、普兴等恭诚……”此殿虽经多次重修，但仍保留有元代建筑手法。

天王殿的东、西配殿位于庭院两侧，相互对称，均建在0.7米高的青石台基上。方砖墁地，青石垂带。东殿即所谓的“娘娘殿”，早年被毁，现为近代重修。西配殿为灰筒瓦悬山式调脊，筒瓦板瓦合瓦，前出廊式建筑。该殿即所谓的“老爷殿”。

再向前行，进入二进院，就到了灵岳寺的中心建筑大雄宝殿（释迦佛殿）。

大雄宝殿位于中轴线上寺院的北部，殿建在0.8米高的青石台基上，面阔5间15.65米，进深4间11.3米。殿宇高大宏伟，采用的是中国古建筑中形制最高等级的庑殿顶，单檐调大脊，板瓦筒瓦合瓦，砖吻。

殿宇出檐很大，四周回廊宽阔，檐柱20根（东西两侧各6根，南北两面各4根）是康熙二十二年（1683）重修时补加的。檐下双昂五踩斗拱古朴凝重，简洁实用，檩枋彩绘细致入微。四扇大门，直棂窗雕刻精细。

大雄宝殿殿内原供奉的是一佛二菩萨像，系柳木雕刻，高近4米，可惜佛像在1954年被拆毁。

大雄宝殿东西两侧各有一座配殿，相互对称。均为“工”字形房架，灰筒瓦悬山式调脊，方砖墁地。

灵岳寺大殿

灵岳寺后殿室内

灵岳寺后殿

灵岳寺后院古松

东落坡村

韭园秀江
樱桃采摘园

古道干物馆

京西古道

韭园村

龙王庙

观音庙

门头沟古
兰亭艺术

桥耳涧村

方向：东北
北纬：N39° 57′ 43″
东经：E116° 02′ 17″
海拔：420 米

西落坡村

马致远故居

从玻璃栈道鸟瞰妙峰山谷

娘娘庙，又称碧霞元君祠，位于妙峰山山顶。清康熙帝将其封为“金顶妙峰山”娘娘庙，使之位居京城东西南北中五顶“娘娘庙”之上。后嘉庆帝赐名“敕建惠济祠”，并题御书庙名匾额。娘娘庙以山门殿充当庙门，主要建筑包括山门殿、正殿、地藏殿、药王殿、观音殿、月老殿、财神殿和王奶奶殿，庙外建有回香阁。1993年恢复庙会后，将喜神殿迁入。

《宛署杂记》记载广慧寺：建于狮山下，永乐丁酉朝鲜僧懒赞来朝，筑精舍。成化四年太监张轩等重建，易名为寺，吏部员外张骏记。正德元年太监王念等重修，大学士刘忠记。

广慧寺

广慧寺

北纬：N39° 54′ 20.58″
东经：E116° 02′ 29.55″
海拔：620 米

定都阁

戒台寺

戒台寺始建于隋代开皇年间（581—600年），至今已有1400多年的历史，原名慧聚寺，明朝英宗皇帝赐名为万寿禅寺，因寺内建有全国最大的佛教戒坛，民间通称为戒坛寺，又叫戒台寺。历史上的戒台寺在中国佛教界占有重要的地位，由于寺内的戒坛可以授佛门的最高戒律菩萨戒，因而成为中国佛教的最高学府之一。又因其曾持有辽代道宗皇帝亲笔抄写的金字《大乘三聚戒本》，从而自辽代到元代中期，一直是北方佛教律宗的中心。戒台寺自辽代建立戒坛以后，一直受到历代朝廷的重视，很多代住持都是皇帝亲自选派，不少名僧还被委以各种官职，有多位皇帝到此进香礼佛。自明代以后，戒台寺开坛授戒必须要有皇帝敕谕，以便将戒台寺直接置于朝廷的控制之下。

寺院坐西朝东，中轴线上依次排列山门殿、钟鼓二楼、天王殿、大雄宝殿、千佛阁、观音殿和戒台殿，其中戒台是中心建筑。殿宇依山而筑，层层高升，甚为壮观，是辽金时期寺庙面东“朝日”的典型代表。西北院有中国最大的戒坛，与泉州开元寺、杭州昭庆寺戒坛并称中国三大戒坛。1949年以后戒台寺停止了佛事活动，由北京市园林局经营管理，并开辟为公园。1966年以后，因修理天坛斋宫需用木料，拆除了千佛阁，寺内佛像大部分也于“文革”期间被毁。20世纪80年代以来，该寺经过大修再次开放，并由北京雕塑工厂重新塑了若干佛像。1998年，中国佛教协会选派僧人进驻。2011年，千佛阁修复工程动工，建筑主体于2015年10月修复完成，2016年5月正式对外开放。

戒台寺

法均和尚塔

法均和尚肉身塔和石碑

戒台寺

地藏院，法均和尚衣钵塔

鼓楼，天王殿

天王殿

天王殿

潭柘寺

潭柘寺始建于西晋永嘉元年（307），距今已有1700多年历史。寺院初名“嘉福寺”，是佛教传入北京地区后修建最早的一座寺庙。清代康熙皇帝赐名为“岫云寺”，但因寺后有龙潭，山上有柘树，故民间一直称为“潭柘寺”。

唐代武则天万岁通天年间（696—697），佛教华严宗高僧华严和尚来潭柘寺开山建寺，持《华严经》以为净业，潭柘寺成为幽州地区第一座确定了宗派的寺院。

五代后唐时期，著名的禅宗高僧从实禅师来到潭柘寺，铲除荒芜，整修寺院，“师与其徒千人讲法，潭柘宗风大振”，潭柘寺从此由华严宗改为禅宗。

金代，潭柘寺先后出现了数位禅宗大师，大大提高了寺院的声誉。金熙宗将当时的寺名龙泉寺改为“大万寿寺”，拨款对潭柘寺进行了大规模的整修和扩建，开创了皇帝为潭柘寺赐名并由朝廷出资整修潭柘寺的先河。

明代从太祖朱元璋起，历代皇帝及后妃大多信佛，由朝廷拨款，或由太监捐资对潭柘寺进行了多次整修和扩建，使潭柘寺确立了今天的格局。明代皇帝几次对寺院赐名，因而寺名几次更改，明宣宗赐名“龙泉寺”；天顺元年，明英宗“敕改仍名嘉福寺”，但民间仍称其为潭柘寺。

康熙三十一年，康熙皇帝亲拨库银1万两，整修潭柘寺，三十六年，康熙皇帝亲赐寺名为“敕建岫云禅寺”，并亲笔题写了寺额，从此潭柘寺就成为北京地区最大的一座皇家寺院。

1950年，北京市园林局接管潭柘寺，稍加整修后，作为名胜古迹景区向游人开放，是北京市首批开放的七个公园景区之一。

“文革”期间，潭柘寺遭到空前的浩劫，文物遭到毁坏和流失，建筑也受到损坏，因而于1968年底被迫关闭，停止开放。

1978年，北京市政府拨款，重修潭柘寺。1980年8月1日正式开放。1997年初，潭柘寺恢复宗教活动。

潭柘寺玉兰花

潭柘寺

潭柘寺

2017年，农历初一，潭柘寺进香

潭柘寺

潭柘寺

潭柘寺

潭柘寺

潭柘寺塔

潭柘寺塔

師釋迦牟尼
如來
禍患不生

潭柘寺玉兰

潭柘寺内盛开的花

后记

关于《凝视西山》拍摄及编辑的对话

◎王／王庚飞
◎邹／邹盛武

王：《凝视西山》的拍摄和编辑思路是一开始就确定下来的，在近两年的拍摄过程中我们始终贯彻了这个思路。我们要用现代影像工具体现中国人对待山水的态度，具体地说，就是希望用100多幅西山照片构建出一幅有关中国北方山水的“肖像”，并且用比较图像学的方式与中国北宋山水画的传统做对照研究。“凝视”是一种观看的态度。睁开眼睛就能观看，但“观看”这件事并不像我们想象的那么简单、单纯，或者那么“客观”。看？看什么？如何看？看到了什么？是一个复杂的问题，它依赖“观念”。

邹：我们“看到的”在很大程度上是由我们观看的态度决定的，也可以说我们“看到”的是那些被我们“注意到”的。

王：所以，可以问一下，我们看到的是“真实的”世界吗？或者用另一种问法，我们可以看到真实的世界吗？一种回答是，我们可以通过某种观看的方式洞察到普遍永恒之物，不依赖某人某时的真实世界，这才是观看的根本；还有一种回答是，世界是转瞬即逝的，根本就没有什么普遍永恒之物，瞬间即真实。一种可以说是“古典主义的”观看方式，另一种也被说成是“现代主义的”观看方式。这本质上是两种不同的观看态度。古典的观看态度强调一种稳定的、历史性的、受控的注意力。现代的观看态度消解了注意力，张扬瞬间的、片段性的、不受控制的自由意识。我们可以给这样一个“古典的观看态度”起个通俗的名字，“凝视”。但要声明一下，我们用“古典的”和“现代的”来概括这两种不同的观看态度毫无厚此薄彼之意，实际上，人类对发现“真实世界”的追寻从来没有停止过，这构成了整个视觉文明的发展史，这两种不同的观看态度构成了推动视觉文明发展的一对悖论。

邹：绘画和摄影承载了我们的观看，我们“看到”了什么，最直接的就是看看我们画下了什么或拍下了什么。

王：绘画的历史长，在摄影发明前，人们就已经弄了上千年，看见了什么？这上千年都是画家说了算。但绘画，是一种“奢侈”的观看，画家的意志和观念不说，什么焦点透视法、散点透视法、移步换景法或别的什么方法学起来不容易，而且画一幅画，几天、几个月甚至几年都不算什么。当时，画家的最高境界就是还原“真实的世界”。摄影的发明就是来抢画家观看特权的。摄影源于画家们的一种隐秘技术，暗箱，后来发明了感光材料直接显影，摄影就正式登场了。是画家自己砸了自己的金饭碗。摄影这种更直接、更简易，仿佛也更客观的技术呈现，立刻激发了人们对“真实”的向往。美国的摄影理论家约翰·萨考斯基就说：“照片，以一种比其他任何图像都更令人信服的方式，唤起了真相的具体存在。已经成为被摄对象的替代物”，“我们对照片的真实的信仰，基于我们对镜头公正不阿、如实记录、不偏不倚的信仰。这个信仰或许是天真和虚幻的（因为虽然镜头勾画出被摄的对象，但它却是由摄影师定性的），但它却持久存在着”。摄影发明之初，受当时感光材料技术的限制，拍一张照片往往要经过二三十分钟的曝光。

摄影观看的态度，继承的是绘画中的古典主义，是摄影从绘画那里继承下来的“凝视”的传统。摄影“凝结”瞬间，作为另一种摄影传统，是摄影技术发展近期才出现的。摄影的优势就是“凝结”瞬间，甚至成为人们对摄影的唯一追求。但是，在摄影史上确实有一条清晰的路线回应着古典的观看态度，这些摄影师不乏摄影史上伟大的名字：尤金·阿杰，阿尔弗雷德·施蒂格利茨，保罗·史川德，爱德华·韦斯顿，罗伯特·亚当斯，乔·斯坦菲尔德等等，还可以加上德国杜塞尔多夫学派的前辈和当今的明星摄影师们，他们是这一传统的独特衍生品。这是一条从观看的态度，到摄影工具、技术媒才的选择，到观看的主题都被中国摄影实践忽视的路线，或者说这条在摄影史中极为关键的主流道路却被中国摄影实践边缘化了。但这两种观看态度确实在推动摄影史和视觉文化的进步，忽视任何一种都会导致视觉文化的固步自封，而且，中国绘画提供了伟大的中国人独特的“凝视”传统，我们中国摄影师没有理由不继承这一传统，睁开我们中国人自己的眼睛看我们自己的世界。

邹：我们谈论摄影史的这些传统，是为了能让读者了解《凝视西山》这本书拍摄和编辑的思路。

王：《凝视西山》这本书的拍摄和编辑的出发点，是我们主动放弃了对“瞬间”的迷恋，主动地选择一种古典的、绘画性的观看，回归一种古典的视觉经验和视觉的注意力，回归“凝视”，回归中国绘画提供的中国人独特的“凝视”的传统。山水、人物、场景，我们都会放弃瞬间的呈现，发现“物本身”，放弃人物的活动而关注西山的“肖像”，放弃场景的故事而关注“永恒之物”，关注那些今天已流逝的时间留在它们身上的痕迹，而不是时间本身。总之，我们希望“看到”那些被时间凝固了的东西，那些凝固了的山水、人物、场景。我们用“观”、“见”、“寻”、“访”来展开我们对西山的“凝视”，追寻山水图像“可望”、“可行”、“可游”、“可居”的传统。

邹：观山，首先要发现山的“势”，得远观，观一个大的气息。

王：还有对话，这个对话有点像那种“喊话”，就是那种“喊话”的感觉。“见”是什么？“见”就是面对面地说，“我要进去了”，这里借了佛家的语言，“见山不是山，见水不是水”，就是“见”了之后反而不能够完全看到它的全貌，反而看不到这个山了，有更多的局部，更多的肌理，更多“态”，就是中国画里面的那些“点”、“染”、“皴”、“擦”，各种局部，各种石头，各种山的表情，但每一个表情可能不代表整个的山。“寻”是什么？寻就是进山了，中国山水画中有时会在山里画古寺若隐若现，一定要是翻山越岭才能到，给出一个寻的视点，有时还不画寺，只画路，给一个寻的过程，让你想象寺的存在。“访”是要进寺了，在中国人的观念中，山上建寺，人在寺中修行，这修行的人，实际上是一种人渴望成为神的状态。

王：比如灵岳寺，研究了之后，会发现它跟河没什么直接关系，包括斋堂和马栏，马栏是给灵岳寺养马的地方，斋堂是为灵岳寺上香的人服务而形成的，后来逐渐变成了斋堂村，之后汇入了清水河流域的生活圈子。灵岳寺是一个很古老的寺庙，保留了唐式建筑，历史上历次整修，历次毁坏。但潭柘寺和戒台寺相对来说就保持得比较完整。

邹：被皇家舍弃的同时，保留了一份质朴。

王：《凝视西山》这本书是静观，是肖像，“肖像”就是设定它是一个稳定的东西，山是一个永恒的东西，是那种随时间变化很小的东西，我们可以认为我们现在看到的这个山和北宋人看到的这个山差不了多少，所以我们希望以宋人观山水的态度，去看西山。只不过我们现在用了一种现代的方法，摄影的方法。

邹：拍西山的时候，我并没有想着要把它拍成山水画。但我当学生的时候，对中国山水画有过一段时间的学习，看山水画比较多，这也许对我看山的视角有些影响。

王：我们希望用无数的照片结构出古人用一张山水画所表现出来的东西，就是拍一系列照片，形成一张绘画式的山水卷轴画。卷轴画是中国人特有的东西，古人看卷轴画不是像现在展览的时候全展开来看的，是看一部分，卷起来一部分，每次只能看眼前的一幅，前后是靠记忆。我们设定的是，一张照片并不能构成一种真实，一种观看方法，而是整本书，就是“一张照片”，一个作品。这是我们给《凝视西山》这本书设定的观看方式，一种中国山水画卷轴的方式。我们这种尝试不一定能达到理想，但希望去实验。其实用一系列的照片构成一个摄影作品，也是摄影传统的一部分，是那种通过策划、组织、拍摄、图片、文字、编排共同努力后构成的一件作品。通常，一件摄影作品会被理解为单张的照片，但是摄影史上的一些伟大的作品，也并不完全是这样，因为许许多多拍摄作品呈现给观者时通常会被安排成某个主题或组别，最好的例子是沃克·伊文思的《美国影像》，伊文思的照片单张看只是好看而且有趣，但是，当按伊文思和他的顾问、编辑们编定的顺序编成《美国影像》一书时，它就形成了一件卓越的、能载入摄影史的艺术作品。为什么我们在这里强调这一点，是因为中国的摄影作品中缺乏这种东西，不是没有一组照片构成一本书或一篇摄影报道，而是在艺术摄影作品这一级缺乏一些在明确视觉态度下构成作品的意识。

邹：还有对工具和方法的重视。

王：我们这次用了黑白照片，我觉得有必要好好聊聊黑白摄影的传统，一种基于工具、技术的极致配合而到达的极致的审美表达。这些对摄影这门艺术来说是极其重要的，并且这种意识现在正在被遗忘，而这种遗忘对中国摄影师更是有害，我们的摄影审美缺这方面。

邹：你刚才所说的黑白照片，准确地说是明胶银盐纸基工艺制作的黑白相片。从摄影诞生起，黑白摄影经历了塔尔博特法、达盖尔法、湿版、蛋白等多种工艺，直到明胶银盐纸基工艺出现，才进入稳定成熟期，摄影才真正成为一门独立的艺术，建立了自己独特的语言体系。如果要在摄影中寻找出一个学院派传统，这个传统的基本语言就是建立在明胶银盐纸基工艺上。这是一个传承有序的有诸多大师和追随者支撑的传统。这一传统始于保罗·史川德、爱德华·韦斯顿、沃克·伊文思，到亨利·卡拉汉发展到鼎盛，罗伯特·亚当斯以后，又有了新的样子。这些摄影师都把银盐工艺以极致的、有个人特点的表现作为自己作品的根本。同时期，还有基于实验与观念的新客观主义的观念摄影一派，以霍利·纳吉为代表，综合了表现主义、构成主义、达达主义、抽象主义等等。在法国，受布列松“决定性的瞬间”影响的纪实报道摄影流派也是一个方向。

王：韦斯顿和史川德好像都是从铂金印相开始的。

邹：第一代的明胶银盐摄影师们基本上都使用过铂金印相工艺来制作照片，铂金印相工艺虽然能得到非常精细的黑白灰影调，但成本高昂，难以普及。明胶银盐工艺成熟以后，这些人就都转向明胶银盐了。之后，明胶银盐几乎成为黑白摄影的全部。第一代摄影大师们用的都是厚乳剂胶片，8×10英寸以下尺寸印相比较常见，比如韦斯顿，他是一位纯粹的印相摄影师，他的暗房里，连放大机都没有，只有灯泡和印相夹。他一般用焦酚ABC配方显影胶片，焦酚显影只在胶片表面进行，会得到最高的锐利度，可以一定程度上弥补镜头在锐利度上的不足，亮部细节充分，影调层次优美。缺点是这种显影工艺会造成底片颗粒粗劣，不适宜大倍率的放大，只适用于印相或小倍率的放大。另外，还有个大问题，焦酚显影中，底片容易受搅动湍流的影响留下显影不匀的痕迹，特别是在天空等比较灰平的部位会更明显。

王：我们在看那一代大师的照片时能看得到这种瑕疵。

邹：相纸显影的时候，韦斯顿主要用阿米多显影液，阿米多显影能显出极其丰厚扎实的暗部，白色也沉稳华美，还透着点儿沉郁。与韦斯顿同时代的还有另一位伟大的摄影师沃克·伊文思。沃克·伊文思的摄影有两个方向，他用迪尔朵夫8×10英寸技术相机，蔡斯 protarlinse镜头，8×10印相，拍摄了大量的美国景象的照片，维多利亚风格的建筑、街道、招贴牌、商店、人物，包罗美国万象。同时他也用康太时135mm小型相机拍摄纪实照片，纽约地铁专题最有名。但是这批35mm照片，和他的8×10印相照片相比，更大的意义在观看方式而不是在摄影工艺上。沃克·伊文思的摄影实践，几乎在各个方向上影响了他之后的几代摄影师。

王：就是在用什么拍，怎样拍，拍什么，照片应该做成什么样子等等问题上给出了信条般的答案。

邹：伊文思和韦斯顿主要的作品都是8×10英寸印相照片，相片的审美也是建立在8×10印相之上，所有的材料、器材，光学上的化学上的都依此配置。影像饱满厚实精致，极度的白色像奶酪一样凸出纸面，几乎达到了明胶银盐工艺的极致。到卡拉汉的时侯，8×10印相基本上被120或4×5英寸底片放大所取代，但卡拉汉的照片大部分放大倍率很小，一般在2到4倍，6×6cm底片也就放大在7×7英寸的相纸上，我见过的卡拉汉唯一的一张大于24英寸的照片是多张底片拼成的，实际的放大倍率也不大。他和后来的罗伯特·亚当斯一样，用的胶卷，一般都是最通常的柯达plus 125之类，感光度不高也不低，颗粒中等，乳剂不厚不薄，宽容度适中，在小倍率放大情况下有着极优异的表现。卡拉汉的实践，让制作变得更加轻松也更加多样化。卡拉汉是一位严肃的研究性的艺术家和老师，培养了一大批追随者。借助卡拉汉这些开创性的实践，对放大照片的新的审美也逐渐地形成了。直到罗伯特·亚当斯的《新西部》出版，黑白相片的审美又有了新的模样，相片更加工整。之后，工整好像成了最重要的硬指标，也成就了明胶银盐工艺在这一方向上的极致呈现。韦斯顿和伊文思相片上偶尔有的不均匀痕迹，在亚当斯的照片中绝对地彻底地绝了迹。这种近乎强迫症般的均匀、工整加上对拍摄、放大每一环节精心的控制，使罗伯特·亚当斯的照片有着令人炫目的光辉，在这种华美之外，他的照片有着极致的白和黑，影调明快清新，看似轻松随意，实则无懈可击。

王：这些摄影师，为摄影成为艺术，建立起了一套标准。

邹：就是不论对摄影有什么不同的认识和方法，做出的照片有多么的不一样，但照片作为艺术品，应该是一张纸基的工艺完善的可以长久保存的照片。不是电子文件，在屏幕上显示供观看，或一张打印的照片，也不是任何印刷品之类的复制品。观看者对照片的真切认识，只能通过照片本身才能得到。照片最重要的不仅仅是影像，更是被银盐作用过的相纸。如果我们仅仅观看影像，类似于妄想通过一张油画的复制照片，来观赏到这张油画本身。摄影师必须亲自拍摄、冲洗，在暗房里独立印放出照片，对每一环节完全把控，做出的照片才是真正自己的作品。把拍好的胶卷交给他人冲洗，或让其他人放大自己的底片都是不被完全认可的。像布列松那样只管拍摄，把洗印交给别人的摄影师，无法跻身于这一传统中。当然，这也无损于他在另一传统中的伟大。

王：画意摄影、沙龙摄影也强调照片的制作，但美学标准是不同的。

邹：1889年，英国人爱默生发表了《自然主义摄影》，他研究人类的视觉习惯，认为照片应该接近人类视觉，照片应该只有一个焦点，焦点四周应该逐渐模糊以突出焦点。受这种理论的影响，浅景深的照片成为风尚。当时，正值印象派绘画兴起，这类照片貌似取得了模仿绘画的效果，但实则丧失了摄影自身的特性，成了当时绘画风潮的拙劣模仿者。这种照片的泛滥，最后连爱默生也看不下去了，撰文宣告自然主义的死亡，否定自己先前的理论，也放弃了摄影上的实践。但是，在随后的一百多年以来，浅景深的处理方式，没有因爱默生的否定而消歇，在画意摄影、沙龙摄影、商业摄影等领域，依然成为被广泛用来取得所谓画面效果的捷径。实际上，人眼在观看世界时，视点是不断调整的，大脑中得到的图像是全景深的。在古典绘画传统中，无论中西，三维的世界转换到二维的平面上，被处理成全景深的效果，是一种通常的方式。摄影分离派之后，史川德、韦斯顿等摄影师组成了f64小组，宣布摄影应该摆脱绘画的影响，成为一门独立的艺术门类。他们以纯艺术摄影家自居，这一流派，也被摄影史称为纯艺术摄影，但在题材上，他们拍摄的依然是传统绘画中的人像、人体、风景、静物，并对拍摄物进行全景深的描绘，既保持了对被拍摄物细节的最极致刻画，符合人眼观看世界的实际状况，也和古典绘画的平面处理原则相契合，用摄影践行了古典绘画中的平面法则，又以摄影语言本身为基点。

王：萨考斯基在《摄影师之眼》一书的前言中对何为“摄影的语言”做过一番总结：1. 物本身；2. 细节；3. 边框；4. 时间；5. 有利位置。

邹：这五项切实涵盖了得到一张照片需要在意的五个方面。但在纯艺术摄影领域，为得到一张照片，对设备与材料的选择，所使用的技术手段，也许更为要紧。照片上展现出的摄影语言特性，很多都是镜头、胶卷、相纸和化学药品所给予的。纯粹机械的照相机，操作者可以赋予它无数种观看方式，不同特性的胶片被不同的显影方式显影，再洗印到不同的相纸上，对被摄物的描述呈现也可以有迥异或细微的差别。摄影师面对镜头前的一切，想得更多的也许是，镜头是如何看的，胶片和相纸又是如何解析镜头所看到的。镜头前的世界无论平淡或者炫目，都是被光学和化学鞣制一番呈现在相纸上。约翰·肖特在总结鲁沙的《二十六个加油站》时说，这“并不是通过艺术而做出的关于世界的阐述，而是透过世界做出的艺术的阐述”。艺术从来都不仅仅是世界或个人内心的表述者，艺术上所有的呈现都最终指向艺术本身。韦斯顿拍摄沙滩上一只死去的鸟，他是为了告诉你这有一只死鸟，这只鸟的样子吗？拍摄这只鸟，做出一张沙滩上死鸟的照片，照片中的这只鸟也许只是平面上的形状、肌理、明暗，和现实中的鸟有一定的关联。但对于韦斯顿而言，他只是看到一只鸟，也许被它的形态，被它羽毛排列形成的秩序感，或者它和沙滩肌理形成的反差所吸引，操纵相机框取它，洗印成一张照片。他只是在拍一张照片，他只是做出了一张照片。

王：对于摄影这门艺术来说，拍摄者的艺术思维与技艺是层层堆积的。

邹：虽然摄影无法保持绝对的客观，但拍摄中应尽力避免对被拍摄物的人为干涉。一张照片来自于对世界的框取而不是摆布，摄影师的劳作是采集而不是在温室里培育。而且，信奉这一传统的大部分摄影家，一般不使用特别广的或特别长的焦距的镜头，避免特别夸张或特别压缩的画面，也不采取怪异反常的视角，同时强调取景平和，含蓄而克制，符合人类正常的观感，不屑于所谓的视觉冲击力。萨考斯基在评论罗伯特·亚当斯时就说：“亚当斯的照片是文明的、温和的、精确的，避免夸张、戏剧性的动作或道德立场，总的来讲就是避免那些过分富于表现的效果。”

王：我们聊这些是要说明一下我们这本书所遵循的美学标准，一套基于技术的艺术标准。

邹：所以，有必要说说《凝视西山》拍摄中具体工具的使用，以及我们为什么使用它们。胶卷，我主要使用了伊尔福的fp4、hp5，禄莱rpx，还有福马4×5英寸页片。这几种胶片不是颗粒度最细的，但宽容度比较高，经得起一定程度上的增加曝光压缩冲洗。胶片显影使用减少了感光度的损失，在有风的时候，可以用快一点的快门速度。相机用了禄莱双反3.5f、135f4和禄莱sl66，林哈夫 press23和林哈夫3000。禄莱双反3.5f和135f4轻便小巧，快门声很轻，特别适合拍摄人物和需要保持安静的场合。禄莱sl66，方片幅的120单反相机，是布列特·韦斯顿、卡拉汉、罗伯特·亚当斯众多摄影师所钟爱的相机，所配的镜头，虽然同为蔡斯planar，但成像风格却不尽相同，双反planar光圈缩小至f11以后成像风格会有一个突变，大光圈时的华丽韵味凭空消失了，稍显平淡，sl66很好地避免了这一问题，镜头的像场也更加地平整，它的镜头座还可以上下俯仰15度，利用沙姆定律，在风景摄影中很容易拍出全景深的照片。我想要的相片，要尽可能工整，画面中心和边缘解像尽可能一致，不能有松散的地方，哪怕有些部分在景深之外，也要有较锐的边线勾勒，这样，影像在平面上才能立得住。

王：我们的照片都经过放大的，基本上是8×10英寸以下，放大2至4倍。

邹：我用杜斯特138s、莱兹 2c、欧米茄5d放大机。138s最大可以放大5×7英寸底片，使用方便，结构精密，集光镜品质优越，配合专用灯泡光线很均匀。莱兹 2c放大机是一台有着最显赫名声的120

底片德产放大机，可以放大6×9cm以下尺幅底片，做工精细，用料足，结构复杂。它的最大好处是可以自动跟焦。欧米茄5d是一台很有特点的4×5英寸放大机，这是一台被美国摄影师普遍使用的放大机，做工不那么精致，但使用这台放大机的过程极其地愉悦，集光镜也真的非常好，也许这正是它受宠那么多年的原因。说到相纸，很多无奈涌心头。可以说照片里的很多好看的东西是特定的相纸所给予的。数码摄影兴起后，很多经典相纸都停产了。记得2015年我们一起去墨西哥，布拉沃的大女儿邀请我们看了布拉沃的暗房，看到那些杜邦相纸盒子，就明白他照片里的很多优美我很难再有机会做出来了。停产的杜邦相纸一定程度上堵住了后来者追随这位大师的路。我还看过庄学本的三四十年代的照片，蔡斯相机、爱克发胶卷、爱克发相纸生发出的好，很大程度上是当时的器材和材料娘胎里带来的。那时的中国摄影师用的器材和材料，制作的手段，和同时期世界上其他的摄影师没太大的差异。同样的庄学本在五十年代以后制作的照片，这种好就很难看到了，不是他突然不会做照片了，而是因为当时的中国，那些材料的来源断绝了，替代品使他的照片变成了另一种样貌。现在的情况在变好，很多品牌的相纸和胶片都复产了，产品线也很齐全，也许没有了某些停产了的材料的特性，但基本上还都是对的东西，依托这些材料，有可能做出些新的样子来，这种新样子也许有可能形成明胶银盐工艺照片中新的审美。

王：我们说那么多器材和材料上的事，只是想说，做出一张明胶银盐工艺的照片，它最后的样子，很大程度上在器材和材料上就确定了，摄影和绘画、雕塑等艺术最大的不同是，它落实在一张相纸上的所有被观看物，都不是被人的手描绘或塑造的。它必须借助于光学、化学等科技，使用器材、材料，才能把被摄物落实在一张相纸上。它诞生的那天起，它自身的理法就迥异于以往的任何艺术门类，而独立成为一门新的艺术。它因人类的技术发展而产生，也因人类技术上的局限而有着太多的不可为之处。

邹：作为摄影者，个人的作为是有边界的，面前横亘着道道难以逾越的坎。你使用一支古典的蔡斯protar，和一支九十年代生产的apo symmar，你穷尽所能也改变不了这两种不同特性的镜头在你照片上留下的痕迹。如果一支镜头边缘解像力弱，在数码摄影中，可以通过软件来改善，但在明胶银盐工艺中，你只能接受这种缺陷或放弃使用它。如果在意照片的品质，一般情况下，只能用印相和小倍率放大的方式，在这一领域，这是基本的常识，我们几乎看不到任何突破的可能。人类在这方面的技术，因为没有商业上的需求而停滞了。人类还没有生产出可以被常人从普通商业渠道购买到的、有着极细腻颗粒又有着高宽容度的胶片。在通常的民用领域，放大机能放大的最大底片也仅限于8×10英寸。再大的放大机不是生产不出来，而是因为市场太小没有商业上的价值。所以，小尺幅的照片，拿在手里，挂在墙上，被近距离的观赏是这一领域通常的做法。如果需要大尺幅的照片，现在人们会选择艺术微喷的方式，那又是另外一套语法，和明胶银盐工艺照片有着明确的界限。

王：工具，是书写照片的方法，黑白照片这种语言在西方的摄影史上，是非常成熟的。我们希望能传承这个脉络，但我们是中国人，我们不是外国人，我们对山水有自己的看法。不用刻意，我们总会带有一些中国人的方式，从单张照片的拍摄，到这本书的成书，我们之前说过，我们不渴求每张照片都是独立的作品，实践上这在短期内也做不到，我们将这整个的一部书看成一个作品。所以我们这本摄影集，单幅照片看着其实并不那么像一张正统的西方黑白照片，整体的编排更是中国式的，不是刻意，而是不自觉的。世界的绘画史上只有中国人形成了一个所谓的山水画传统，是中国人的观看山的方式，中国人对山的这种感受和对山赋予的那些很多很多的哲学的东西是西方没有的。

邹：西方只有风景画。

王：我们叫山水画，我们的山水画有自己的一套语言体系，比如龙脉、开合等等。

邹：我拍山的时候，也会不自觉地看到这些，龙脉、势、开合，通俗一点就是这个山怎么进去怎么出来。

王：北宋山水画还创作了中国人独特的描绘空间的方法，不是近大远小，也不是近的清楚，远的模糊，不用透视也不用虚实，不用这些办法来造空间的幻象。如果你放大北宋山水画的局部，就会发现每一点都非常清楚。它实际上更重视平面的法则。

邹：用我们上面说到的大画幅相机拍黑白照片，可以通过一整套成熟的办法，比如坚持用小光圈控制景深、移轴调整焦深平面、镜头的俯仰调整等等很多手段，来让画面的每一点都很清晰，不变形，让山与山之间的关系被处理得特别平面化，有些契合中国山水画的描绘方式。我们在《凝视西山》这本的拍摄中，特别强调了这种形式感，放弃了瞬时感、运动感等等。我们只是想给西山拍一幅端庄的肖像。

图书在版编目（CIP）数据

凝视西山 / 王庚飞，邹盛武著；邹盛武摄影．—
北京：中华书局，2018.10
（门头沟西山永定河人文地理图像志）
ISBN 978-7-101-13084-3

Ⅰ．凝… Ⅱ．①王… ②邹… Ⅲ．山－门头沟区
－摄影集 Ⅳ．K928.3-64

中国版本图书馆 CIP 数据核字 (2018) 第 030671 号

书　　名	凝视西山
著　　者	王庚飞　邹盛武
摄　　影	邹盛武
丛 书 名	门头沟西山永定河人文地理图像志
责任编辑	许旭虹
装帧设计	合和工作室
出版发行	中华书局
	（北京市丰台区太平桥西里 38 号　100073）
	http: // www. zhbc. com. cn
	E-mail: zhbc@zhbc. com. cn
制　　版	北京禾风雅艺图文设计有限公司
印　　刷	艺堂印刷（天津）有限公司
版　　次	2018 年 10 月北京第 1 版
	2018 年 10 月北京第 1 次印刷
规　　格	开本 /635 × 965 毫米　1/8
	印张 23.5
国际书号	ISBN 978-7-101-13084-3
定　　价	360.00 元